CAUSOS
FERROVIÁRIOS

CAUSOS FERROVIÁRIOS

ENG. JOSÉ DOS PASSOS NOGUEIRA

EDITORA
Labrador

Copyright © 2021 de José dos Passos Nogueira
Todos os direitos desta edição reservados à Editora Labrador.

Coordenação editorial
Pamela Oliveira

Preparação de texto
Laila Guilherme

Assistência editorial
Larissa Robbi Ribeiro

Revisão
Marília Courbassier Paris

Projeto gráfico, diagramação e capa
Amanda Chagas

Imagem de capa
Pixabay

Dados Internacionais de Catalogação na Publicação (CIP)
Jéssica de Oliveira Molinari - CRB-8/9852

Nogueira, José dos Passos
  Causos ferroviários / José dos Passos Nogueira. — São Paulo : Labrador, 2021.
  60 p. ; color.

ISBN 978-65-5625-196-7

1. Crônicas brasileiras 2. Ferrovias - Brasil - Crônicas I. Título

21- 4711   CDD B869.8

Índice para catálogo sistemático:
1. Crônicas brasileiras

EDITORA
Labrador

Editora Labrador
Diretor editorial: Daniel Pinsky
Rua Dr. José Elias, 520 — Alto da Lapa
05083-030 — São Paulo/SP
+55 (11) 3641-7446
contato@editoralabrador.com.br
www.editoralabrador.com.br
facebook.com/editoralabrador
instagram.com/editoralabrador

A reprodução de qualquer parte desta obra é ilegal e configura uma apropriação indevida dos direitos intelectuais e patrimoniais do autor.
A Editora não é responsável pelo conteúdo deste livro.
O autor conhece os fatos narrados, pelos quais é responsável, assim como se responsabiliza pelos juízos emitidos.

Para Vanja Maria Monteiro,
incrível mãe e esposa.

Sumário

PREFÁCIO
(ENG. LUCAS MONTEIRO NOGUEIRA)
9

INTRODUÇÃO
11

CAPÍTULO 1
CAUSOS DA FERROVIA DO AÇO
13

CAPÍTULO 2
CAUSOS DA FERRONORTE
23

CAPÍTULO 3
FOTOGRAFIAS DA FERRONORTE
43

Prefácio

A princípio, minha tarefa no que diz respeito a *Causos ferroviários* era relativamente simples: fazer a revisão ortográfica do manuscrito que meu pai havia concebido e configurar o documento em um formato compatível com as demandas da editora.

Não obstante, à medida que fui percorrendo os causos que preenchem as páginas a seguir, acabei propondo pequenas modificações, aqui ou ali, que poderiam tornar sua obra ainda mais interessante. Em outras palavras, meu papel passou de um mero responsável pela *forma* do presente volume a um efetivo assistente no preparo de seu *conteúdo*. Sou grato por essa mudança, pois, em minha breve função de auxiliar no preparo do livro, pude ouvir meu pai relatar histórias engraçadas de seus tempos de trecho, boa parte das quais nunca havia figurado em nossas conversas de família. Ademais, é interessante saber que seus relatos deixam de lado o tom faraônico, suntuoso, com que estamos acostumados a ouvir nossos governantes descreverem grandes obras de infraestrutura. Em vez disso, meu pai traz histórias do cotidiano e dá voz a personagens interioranos, alguns sequer alfabetizados, conferindo-lhes o registro permanente da palavra escrita.

Evidentemente, minhas "modificações" foram em sua maioria detalhes e observações; fiz o melhor para assegurar que os causos do meu pai fossem descritos com a máxima fidelidade a suas recordações, do modo que um bom livro de memórias deveria ser. Ademais, tentei vestir o texto com um tom descontraído e acessível, como o autor havia desejado desde o início. As páginas a seguir trazem um privilegiado excerto da história da infraestrutura brasileira, e sou grato por ter atuado de maneira substancial em seu preparo.

Eng. Lucas Monteiro Nogueira

Introdução

A engenharia ferroviária pode ser um assunto um tanto áspero. Do lado técnico, temos as complexas equações de dimensionamento de linha permanente, a mecânica dos solos e outras disciplinas de engenharia civil que convergem para tornar possível a realização de uma obra ferroviária. Do lado político, temos o eterno conflito entre iniciativa privada, governantes e outros *stakeholders* envolvidos na idealização de uma ferrovia.

Sendo assim, resolvi reunir minhas três décadas de experiência no setor ferroviário nacional em uma abordagem menos formal e mais descontraída, algo que seja divertido para leitores em geral e não requeira conhecimentos técnicos. Pois bem, reuni nas próximas páginas alguns causos atinentes ao meu tempo como empregado da Rede Ferroviária na Ferrovia do Aço, nas décadas de 1970 e 1980, e na Ferronorte, nos anos 1990.

A Ferrovia do Aço foi projetada com o intento de transpor a Serra da Mantiqueira, um projeto desafiador que se arrastou durante anos, presidência após presidência, até que os militares enfim o tiraram do papel em meados da década de 1970. Trata-se de uma ferrovia *heavy haul*, uma das únicas do gênero no país. Foi concluída de forma "simplificada" em 1988; o projeto fora consideravelmente modificado no decurso da construção — o trecho de Itutinga (MG), por exemplo, acabou sendo abandonado. Trabalhei na construção e na operação da obra entre 1975 e 1991. O Capítulo 1 reúne alguns causos que marcaram meu tempo como empregado da Rede Ferroviária Federal (RFFSA).

A Ferronorte foi formalmente concedida em 1989 e iniciada em 1991; o primeiro trecho, com mais de 408 quilômetros de extensão, foi inaugurado pelo então presidente Fernando Henrique Cardoso em 2001. Trata-se da única ferrovia de grãos nacional construída pela iniciativa privada. A obra corta o estado de Mato Grosso do Sul, onde vivi com minha família e trabalhei por mais de dez anos. O Capítulo 2 é um apanhado de causos que presenciei ou ouvi dizer em meu tempo na referida obra.

No Capítulo 3, concluo o livro com uma série de fotografias das duas obras.

CAPÍTULO 1

Causos da Ferrovia do Aço

A FERROVIA E O CEMITÉRIO

A Ferrovia do Aço corta o município de Augusto Pestana (MG). Os militares, sempre com certa visão estratégica, mandaram demolir o cemitério da cidade porque o canteiro da obra deveria ficar no ponto mais alto do município. E assim foi feito: jogaram o cemitério morro abaixo.

CARGA PERIGOSA

Uma empresa resolveu comprar um caminhão de caixões porque iria furar um túnel de quase nove quilômetros de extensão e já queria contabilizar os possíveis acidentes de trabalho da empreitada. O caminhão chegou no almoxarifado no mesmo dia em que chegou um ônibus lotado de peões, a maior parte vinda do Maranhão, para trabalhar na obra. A primeira missão deles foi descarregar o tal caminhão, mas ocorreu que, ao saberem da primeira tarefa, ficaram assustados, e, no fim das contas, o ônibus acabou voltando com a mesma lotação da viagem de ida. Ninguém quis ficar na obra.

Os caixões tinham razão de estar lá, porque o trabalho podia ser bem perigoso. Acho que o exemplo mais extremo era o "bater choco", em que se amarrava um pé na ponta de um cabo de aço e o peão ia cutucando com uma vara as espoletas que não tinham explodido.

Às vezes a encrenca não vinha do trabalho, mas da própria conduta dos peões. Tínhamos uma galera que trabalhava nas escavações dos tubulões com ar comprimido, a turma que ficava isolada na pressão do ar e comumente se metia em confusão. Certa feita, um peão esfaqueou o colega do barraco e não quis se entregar; a polícia não deu conta de pegá-lo, mas o engenheiro levou um papo com ele e conseguiu convencê-lo a se entregar para as autoridades.

Outro peão perigoso era o Merrinha, que (como tantos outros; veja causos abaixo) vivia mamado. Uma noite, o inebriado Merrinha resolveu cortar a energia, fechar as janelas e portas do barraco, pegar um pedaço de cano de ferro e sair batendo em todo mundo que via pela frente. O porquê daquilo tudo, acho que nem ele sabia.

"DEFECAR NO QUARTO"

Ao fim do projeto da Ferrovia do Aço, havia um viaduto que ficou sobre a ferrovia. Logo abaixo do viaduto, havia uma casa. Logo percebemos que não dava para o casal que vivia lá continuar no imóvel, porquanto as pessoas que trafegavam pelo viaduto faziam cair pedras no telhado da casa. Ciente do imbróglio, a RFFSA resolveu construir uma nova casa para a família que lá residia. Para tanto, programaram uma reunião com a família para discutir como seria a nova casa. Durante o encontro, a equipe da Rede disse que a nova residência proposta para o casal teria uma suíte. A esposa, confusa, perguntou o que era uma suíte. Respondeu o marido: "Mulher, é um lugar para você cagar no quarto".

Esse marido, aliás, era bem metido a bravo. Um dia, foi reclamar que o gado não tinha passagem na ferrovia e, armado com uma foice, disse que mataria o pessoal da RFFSA se não resolvessem o problema. Um colega da Rede tratou logo de esconder o crachá.

O SENHOR DA CANTINA

Na época, era comum alguém obter o serviço de fornecimento de marmitas para a peonada. O senhor que cuidava de nossas marmitas tinha um boteco e criava galinhas nas cercanias do local. Para saber se uma delas estava botando, metia a mão no traseiro de cada uma; na sequência, voltava ao balcão e servia-nos os salgados da estufa sem lavar as mãos. Higiene não era o forte daquele senhor. Todavia, até onde fiquei sabendo, ele conseguiu bons dividendos fornecendo salgados para festas na região.

HOMENS DE CALÇA-CURTA

O Gonçalo era um subempreiteiro. Toda vez que acontecia um acerto, a mulher dele ficava por perto, fingindo que estava lavando louça, só para ouvir a conversa. Ao fim das negociações, a mulher, mandona, começava a infernizá-lo e dizer que tinha nascido para puxar carroça.

Gonçalo costumava contratar menores para trabalhar. A quarteirização era comum nos tempos da Ferrovia do Aço. Certa feita, apareceu um serviço de varrição de túneis e o colega logo aliciou a garotada de Quatis (RJ) (cidade próxima) para colocar naquele trabalho.

O Gonçalo não era o único calça-curta da obra. Tínhamos também o Luizinho, um carinha minúsculo que enxergava mal, ficava nos botecos durante o dia e à noite saía por aí procurando peças automotivas para fomentar seu *side job* de mecânico. Luizinho tinha um fusca que não conseguia fazer curva, de modo que não raro achávamos o carrinho batido sob um pé de mangueira em um trecho da Dutra.

A MARVADA DA CACHAÇA

Tínhamos um mestre de linha e um proprietário que morreram segurando a garrafa de cachaça debaixo do braço. De vez em quando o referido fazendeiro pegava sua caminhonete, lotava a carroceria com peões — o mestre de linha incluso — e partiam para beber na cidade. Na volta, sempre faltavam um ou dois que haviam caído na estrada de terra. Esse proprietário era muito doido; enchia a cara, pegava o avião teco-teco que tinha e saía dando rasantes na cidade. Tinham de juntar o padre, o delegado e o juiz para fazê-lo parar. Certa feita, o proprietário amarrou um botijão de gás cheio, a cerca de um metro de altura do chão, pegou um fuzil e deu um tiro só para ver a "bomba atômica", como dizia ele, subir. Andava com um vidro de uísque no bolso da calça, estilo caubói.

PRESUNTOS NO BUEIRO DE BARRA MANSA E A ROUBALHEIRA

As obras na cidade de Barra Mansa (RJ) foram particularmente complicadas. Algumas inspeções terminaram em surpresas; a mais memorável delas, sem dúvida, foi o par de corpos em decomposição que encontramos nas imediações do Rio Bananal.

Depois me contaram que o local era um conhecido ponto de desova. Outra coisa: disseram-me que lá a turma fingia estar pescando para na verdade roubar fios de cobre das instalações elétricas próximas.

A ferrovia também não estava protegida contra a roubalheira. À noite, colocavam um caminhão para rodar na rua paralela à ferrovia enquanto o trem passava. À medida que o trem percorria a linha, uns bandidos o atacavam e passavam a carga de cimento para o caminhão.

Dizem que os bandidos mais ousados simplesmente descarrilavam os vagões de cimento para roubar a carga. Isso eu nunca pude confirmar.

VILA DA FUMAÇA

Nas imediações da Vila da Fumaça, onde passa a ferrovia, havia o Miguelão, personagem famoso por suas façanhas. Dizem que arrumou uma noiva que só casaria com ele se abrisse mão dos dezoito cachorros; Miguelão não vacilou e preferiu continuar com a cachorrada. Um motorista atropelou um de seus *pets* e teve de fugir da vila para não ser morto por Miguelão. A empresa resolveu alugar uma casa sua e, curiosamente, o fator de correção do aluguel que ele exigiu foi o preço do balaio de milho. Idiossincrasias à parte, era muito habilidoso e um excepcional conhecedor da beira do Rio Preto; quando havia afogamentos, era a ele que recorríamos para achar a vítima.

O único bar que existia na vila, quando tinha pão, não tinha mortadela; os dois nunca se encontravam. É um lugar que, apesar da privilegiada localização, a cerca de dez quilômetros da Dutra, segue por lá, parado no tempo.

CAPÍTULO 2

Causos da Ferronorte

CAPÍTULO

Causus de Ferronorte

O LATROCÍNIO

Quando começou a obra, o pessoal da administração foi acomodado em um predinho conhecido como "shopping da Xuxa", que viria a ser o nome também do CCO provisório. O curioso nome se deve aos madeirites cor-de-rosa das paredes do local. Depois iniciamos a procura de área para o canteiro definitivo. Um matuto da região disse que a área do "latrocínio" (leia-se *laticínio*) estava para negócio.

Na cidade ocorreram alguns fatos engraçados. Certa feita, um proprietário conhecido como Tião Crente resolveu cobrar dez cabeças de gado que segundo ele haviam sumido; o delegado, para quem Tião Crente era um conhecido ladrão de gado, disse que iria investigar o sumiço das tais dez cabeças se Tião Crente recuperasse as outras cem que ele tinha rapinado. Outro dia, Tião Crente apresentou uma garota de 14 anos que ele dizia ser sua esposa, "adquirida em troca de 1.400 reais e uma caminhonete D-20".

Além de seus espertos, a cidade tinha lá sua carga de doidos ou quase doidos. Uma mulher da cidade tinha atestado de insanidade emitido pelo médico da cidade e lançava mão do documento sempre que era contrariada. Utilizou-o para garantir que a cerca da ferrovia desviasse de sua propriedade. A Justiça decidiu em seu favor, e tivemos de obedecer.

A VACA QUE NÃO GOSTAVA DE ORDEM DE SERVIÇO

Para iniciar de imediato a obra, ficou acertado que o escritório provisório seria no posto do Pedrinho, em Aparecida do Taboado (MS), pois lá havia fax. Então, o escritório central mandou a primeira ordem de serviço para a topografia locar e as máquinas começarem a terraplenagem, mas o topógrafo, distraidamente, deixou a preciosa ordem sobre o mourão da cerca. E não é que uma vaquinha danada foi lá e comeu os papéis originais? A equipe ficou sem trabalho até enviarem de São Paulo uma nova nota de serviço.

Certa feita, apareceu na obra um encarregado muito bom de serviço, mas muito falador. Estando ele nas frentes de serviço, não deixava faltarem materiais e técnicos para marcação das obras. O homem era muito zeloso, mas aparentemente não tinha aprendido muita coisa na aula de português. Quando ia falar no rádio da obra, era um tal de chamar a "potografia", pedir para mandar um caminhão de "gabrião" e outras besteiras mais. Fez um tremendo sucesso no trecho.

Mas rádio de obra sempre foi motivo de atenção da peonada. Por meio dele, qualquer novidade no escritório logo chegava no campo através de códigos como, para citar um exemplo frequente, "tira a roupa do varal", o qual indicava que a alta chefia estava no trecho. Inclusive, na Ferronorte, havia um sujeito muito ingênuo, mas um tanto curioso. Certa feita, ele ficou observando o operador de radioamador e um dia resolveu ele próprio falar no aparelho. Pronto, lá vai o nosso Manga-Rosa (esse era seu apelido) para o ar, com a voz de locutor, porém sem entender nada de comunicação, dizendo o seguinte:

"*Paulo Renato chamando PPJ, câimbra*".

A galera no trecho ia ao delírio.

Mais recentemente, eu estava em inspeção no trecho, com o rádio escaneado e o carro parado de maneira que quem estava no trem não me via. Dali a pouco passa uma composição fazendo cruzamento com outra que aguardava no pátio. Logo começaram os papos no rádio, e o mais afoito foi falando para o colega passar para a faixa de manobra, iniciando um diálogo meio fora de tópico. Disse o primeiro: "E aí, já compraram as cervejas? E a mulherada, vai aparecer?". Antes de o segundo responder, entrei na conversa com voz séria, porém disfarçada, dizendo que o rádio só podia ser usado para serviço. Estabeleceu-se um silêncio total naquela beira de linha. Foi hilário.

Outra do rádio foi quando estávamos nos preparando para receber materiais ferroviários do que seria o futuro terminal de Alto Taquari (MT). Escalei o nosso "tiozinho" de Taquari para dar entrada nos materiais, munindo-o de um rádio. Como ele sempre foi alvo de gozação, a turma inventou que usava o rádio para mandar a seguinte mensagem:

"*Dr. Zé dos Passos, tem uma onça querendo me comer. Câmbio*".

Ainda nos tempos em que a ponte estava sendo construída, eu estava voltando da obra quando uma senhora pediu carona na portaria. Lá pelas tantas, a dona virou para mim toda alegre e disse que o marido trabalhava na Constran. Perguntei o que ele fazia; ela respondeu, de imediato, que era operador de "lacraia". Na verdade queria dizer "catraia".

Certa vez, combinei com um proprietário que iria à fazenda dele para acertar as pendências que a obra havia criado. Na hora de firmar o local e a hora do encontro, ele me saiu com esta: "Nós vamos encontrar lá no piripo, no seu ou no meu oral?". *Piripo* era um jeito roceiro de dizer "perímetro", e *oral* é simplesmente outro modo de falar "horário". Outra vez, o mesmo proprietário me convocou para reclamar que nós havíamos construído a sua cerca com os mourões de cabeça para baixo. Eu desconhecia que mourão de cerca tem cabeça.

Tivemos de dar muita atenção para uma determinada senhora, que se dizia doente e não podia ter aborrecimentos. Ela sempre tinha uma reclamação.

Para facilitar a comunicação, ficou acertado que, toda vez que ela quisesse falar com a gente, seria colocado um pano dependurado no corte em frente à sua casa. Dali em diante, não conseguíamos passar pela sua casa sem parar. Um dia, ela pediu para comprar um tubo de PVC para fazer forma de queijo. Um colega, muito generoso, se ofereceu para tanto e passou a noite toda preparando as formas. No outro dia, foi lá entregá-las. Ficou lá um tempão e, na saída, reclamou que, de acordo com a senhora, não ganharia um único queijo de recompensa; tinha de comprar como qualquer cliente.

O ANGELIM E SUAS BRAVATAS

No início do trecho, tinha lá uma pequena propriedade, em Aparecida do Taboado, onde morava o Angelim com as suas duas "velhinhas". Eram pessoas ignorantes, mas o Angelim era razoavelmente esperto. Embora ele fosse somente amasiado das duas, as resoluções eram tomadas apenas depois de o Angelim participar do assunto. Em uma rodada de negociação, vem o Angelim pleiteando da Ferronorte a compra de uma charrete com uma égua, pois, segundo ele, quando as velhinhas ficavam menstruadas, ele precisava ir à cidade comprar remedinhos para elas.

Certa vez, o Angelim andava um tanto bravo com a Ferronorte porque entendeu que a empresa não estava cumprindo os combinados para com ele. Eis que ele decidiu não deixar o pessoal da obra trabalhar, mandando-nos um recado malcriado que dizia, entre outras coisas impublicáveis, que ia dar tiro em quem fosse lá. Pois um colega nosso resolveu encarar a fera, mandando dizer que ia lá para comprar a espingarda dele.

Toda vez que ia ao barraco onde Angelim morava, o advogado da desapropriação dizia sentir uma certa coceira e procurava manter a conversa o mais breve possível.

No quilômetro quatro da faixa, este também pertencente ao Angelim, deparamos com a necessidade de executar um longo dreno profundo que jorrava bastante. Então oferecemos água para os animais dele, mas o Angelim não aceitou porque a água saía quente, portanto não servia para o gado (algo que mais tarde descobrimos ser verdade). Assim, o Angelim conseguiu que a Ferronorte comprasse outra propriedade para eles, dessa vez longe da ferrovia. Em uma reportagem da revista *Época*, ele aparece como o vencedor da história toda.

QUANDO O AVIÃO CAI NA CERCA DA DIVISA

Na região do Mato Grosso do Sul próxima à ferrovia, alguns traficantes costumam orientar os "responsáveis" pelas drogas a seguir as cercas paralelamente com o carro enquanto um avião, passando em voo rasante, lançava a droga no carro. Em uma dessas operações o piloto cometeu uma falha e acabou caindo sobre a cerca da divisa da ferrovia, destruindo algo em torno de cem metros de cerca. Indignado, o gerente da ferrovia descobriu que o piloto estava internado em um hospital de São José do Rio Preto (SP) e foi ao local para cobrar os prejuízos causados na ferrovia. Mas não houve negócio porque o assunto estava correndo em segredo de Justiça, de modo que não pôde extrair a grana do bolso do piloto, o qual, aliás, já estava quase recuperado.

BICHOS NO TRECHO

A Ferronorte comprou uma fazenda localizada bem no centro de umas das regiões produtoras de soja em Chapadão do Sul (MS) para construir o terminal de cargas. Uma diversidade de bichos selvagens se abrigava nas terras da fazenda. Quando da inauguração da ferrovia, o próprio presidente Fernando Henrique marcaria presença e por isso fez-se necessária uma "limpeza" da fauna perigosa que ocupava a região; capturaram, em um único dia, dezesseis cobras, entre cascavéis, corais, jararacas, jararacuçus, capitão e outras.

A casa que abrigava o pessoal tinha de ter as portas vedadas com algodão para proteger contra escorpiões. Presenciei cavalos de raça serem picados e caírem no pasto. Um dia apareceu um benzedor de cobras que não conseguiu acabar com o problema. Onde tem ratos, tem cobras. Nos aparelhos de manobra da ferrovia, antes de pôr as mãos tínhamos de verificar com cautela, porque os ratos faziam ninhos e as cobras, de olho nos ratos, se abrigavam no calor dos trilhos.

AÇÕES SOCIAIS NO TRECHO

O trecho de obras tem o seu lado de missão, porque lá comumente encontrávamos uma ou outra pessoa necessitando de ajuda material ou espiritual. Aos deveres diários das obras adicionávamos pequenos gestos de bondade, como carregar água no carro para servir aos andarilhos.

Em outra ocasião, tive de sair do trajeto para conduzir uma mãe com recém-nascido para que os dois não tivessem de completar a jornada a pé, sob o inclemente sol sul-mato-grossense. Já tive de acudir um senhor que acabara de cortar o pé em um acidente com um machado. Encontrei uma mãe com bebê doente, mas sem dinheiro para comprar medicação, e resolvi ir eu mesmo adquirir os remédios e dar-lhes uma carona de volta para casa.

Havia, é claro, as emergências que não tinham tanto mérito. Um exemplo foi o peão que espetava a mão com um garfo e aparecia no hospital pedindo atestado porque, segundo ele, acabara de ser picado por uma cobra venenosa.

ESPERMA DE CUPIM

Com dificuldades para conseguir laterita, cascalho ou piçarra para a estrada, nos foi recomendado o esperma de cupim, produto químico cujo nome comercial é Permazime. O produto é indicado para melhorar o solo e proporciona desempenho eficiente e econômico.

Quando encontrávamos cascalho, vendiam o produto a preços definidos de maneira curiosa. Em uma ocasião, o valor do cascalho que me forneceram era de "uma Coca-Cola média" por metro cúbico.

ENGENHEIRA DESBOCADA

Havia uma colega de ferrovia que não media as palavras. Durante um atendimento a um acidente, a colega chegava ao local do problema, subia no vagão atingido e dava as ordens à equipe; àqueles que não estivessem trabalhando corretamente ela chamava de pau no c*, ligava para o diretor na sede e dava esporro, e quando ela via que a empresa estava largada no campo, dizia logo que lá não tinha nem papel para limpar o rabo. Apareceu até na mídia, como uma pessoa rigorosa, mas eficiente.

OS CURIOSOS

Existia um técnico que, quando não estava no campo, gostava muito de ficar por perto do escritório. Certa vez, durante a visita do diretor à obra, estava lá o nosso técnico, que não se conteve e, estendendo a mão, foi dizendo: "Muito prazer, sou fulano de tal, e você? É quem?".

O referido técnico ainda arrumou confusão no alojamento por causa do colchão, porquanto só dormia se o colchão tivesse densidade 36. A firmeza do cara em suas preferências era tanta que o assunto foi parar na pauta da reunião semanal da obra.

Na época dos americanos, tínhamos de, diariamente, e cedo, passar as notícias da obra para São Paulo, de segunda a domingo. Na época não havia *smartphones* e afins; atualizávamos a chefia por videoconferência. Para adiantar o expediente, colocamos os técnicos para trabalhar de manhã. Um dia, estava um deles passando o relatório para o *chief engineer* e eis que chega o "Mr." — como gostava de ser chamado o belga que era o nosso chefe — querendo usar o telefone. Então, a situação do nosso técnico ficou difícil, pois não sabia se desligava ou não. O belga, que naquela época estava usando uma bengala, não teve dúvida e acertou a bengala no meio do aparelho, deixando o coitado do técnico sem reação.

Além do técnico do colchão 36 e do *chief engineer*, tínhamos um terceiro ultracurioso, um técnico que queria saber de tudo. Certa feita, resolvemos fazer uma brincadeira com ele. Tínhamos na sala, largado num canto, um saco com pedaços de isopor para embalagem. Quando o técnico em questão chegou, apanhamos o saco de isopor e, fingindo que estávamos comendo uns "biscoitos" deliciosos, oferecemos a ele. O cara aceitou sem hesitar; encheu a mão e foi colocando na boca. Rimos a tarde toda, e ele prometeu dar o troco.

PROCURA POR CASCALHEIRAS

Um dia, saímos para procurar cascalho, na propriedade que todo mundo falava ser do senhor Ivar (depois, o nosso colega brincalhão contou que inventou esse nome). Acontece que o dono, já de bastante idade, não resolvia muita coisa; quem acertava tudo era a mulher. Chegamos lá e, conversando com a dona, ela nos disse que já tinha ido alguém lá, não lembrava direito quem, mas era uma pessoa morena. O meu companheiro, muito engraçado como sempre, se voltou para ela dizendo que não precisava economizar na tinta.

Tudo ficou acertado e começamos a retirada do cascalho. Entretanto, o serviço não andava e voltamos ao local para saber a causa. Conversando com a dona do seu "Ivar", ela nos contou que o encarregado ficava de namoro com a sua empregada no paiol de milho e que gostava de ficar vendo os dois pelo buraco da fechadura.

Havia também outro proprietário de cascalheira, pessoa muito boa, mas sem muita malícia. Conta o pessoal lá de Inocência (MS) que, certo dia, estava o tal andando pela cidade em uma época de eleição e, passando pelo comício, foi correndo procurar seus correligionários, dizendo assim: "Vocês vão lá para a praça que os nossos adversários estão metendo o pau na gente por trás".

Certa época, havia um chefe, pessoa muito animada, de espírito jovem. Topava qualquer parada no trecho. Um dia, saímos para procurar cascalho, de novo, em um local de muito cerrado. Separamo-nos e, como já estava escurecendo, resolvi chegar à sede da fazenda mais próxima para esperar o meu colega. Conversando com a dona, ela foi logo dizendo que era bom ficar na casa, pois a região tinha muitas onças e, à noite, elas saíam famintas para a caça. Pensei comigo: "O chefinho já era". Porém, para a felicidade de todos, ele apareceu.

Logo no início da obra, fui contratado em São Paulo. Nos primeiros dias, fiquei no escritório, meio perdido, porque tudo que pegava para fazer o polonês que me entrevistou tomava das minhas mãos, dizendo que eu não tinha sido contratado para fazer aquilo. Mas ele não me dizia qual *era* o meu serviço. Certo dia, quando já estava disposto a desistir, o Gilberto, que viria a ser meu chefe, apareceu no escritório e me deu dinheiro para comprar uma passagem para Aparecida do Taboado. Fui eu para a tal "Cidinha". Naquela época, a travessia do Rio Paraná ainda era por balsa. A ponte estava sendo iniciada e o povo sequer acreditava que seria terminada, sendo inclusive motivo de apostas, muitas até engraçadas, por parte do pessoal da região. Em Aparecida, o "Seu Neném" dizia que a atravessaria nu. Não aguentou esperar; faleceu antes. Caso semelhante ocorreu na Ferrovia do Aço, onde havia um açougueiro, lá pelas bandas da fumaça, que vivia falando que cortaria os documentos se aquela obra ficasse pronta. Este não morreu em meu tempo na obra, mas nunca fiquei sabendo se cumpriu o dito.

O CORTE DA ÉGUA

Logo que se iniciaram as obras da Ferronorte, o ritmo era intenso, com dois turnos (ou um único turnão) de trabalho. O maior corte exigiria 700 mil metros cúbicos de escavação, e para executá-lo tivemos de mobilizar 61 *motoscrapers*. Um dia, um proprietário saiu procurando uma eguinha que havia perdido na região da obra. Após muitas buscas, concluiu-se que a pobrezinha havia sido "incorporada" no corpo do aterro que estava sendo montado com o material escavado do grande corte. R.I.P., pequena eguinha.

A terraplenagem movimentava muita gente e bastante equipamento. Na troca de turno, os operários desligavam as máquinas e deixavam a chave no contato para o outro assumir. Numa dessas constatamos que um trator D6 havia sido roubado; conseguiram encarretar, mas acabou atolando na areia da estrada.

DONA EUFRAUSINA

Em Inocência, as áreas adquiridas para construir a ferrovia pertenciam a uma certa dona Eufrausina, senhora que — diziam na época — havia sido trocada por um serradinho pela própria família, todavia conseguiu prosperar e à época da obra acumulara mais de seis mil cabeças de boi. Andava de maneira simples, com um pano amarrado na cabeça. Um dia, viu uma caminhonete em uma concessionária e resolveu comprar; o vendedor, conhecendo o *status* financeiro da senhora, chutou um preço alto sem pensar muito. Dias depois, apareceu ela na loja com o dinheiro em espécie; entregou-o ao vendedor e falou para ele contar e ver se estava certo.

Durante as conversas para comprar as terras, dona Eufrausina mandou-nos negociar com seu filho. Ele relutou para aceitar negociar conosco, mas no fim das contas conseguimos adquirir a terra. Um detalhe: no dia seguinte à compra, dona Eufrausina apareceu no escritório da obra para reaver um cocho que ficara na propriedade; disse que tinha vendido a terra, não o cocho.

No município de Inocência aconteciam outros causos alegres. Um exemplo era a história do sujeito que tinha uma banquinha de camelô na frente da única agência bancária da cidade. Certo dia resolveu assaltar o banco e fugir em um velho Corcel pela estrada de terra. A uns dez quilômetros estrada adentro, o carro atolou. O camelô ficou lá, esperando o "socorro" da polícia.

O BAR DO PÉ INCHADO

Nas cercanias de Inocência havia o Bar do Pé Inchado. Os fazendeiros ocasionalmente apareciam lá com as caminhonetes para buscar os respectivos funcionários. Alguns inebriados caíam no meio do caminho e ficavam para trás. O bar servia seriema, que, apesar de saborosa, deveria ser evitada no período de maio a setembro porque as seriemas comiam cobras peçonhentas e, dizia-se, passavam a carregar o veneno destas. Serviam ainda uma excelente "amonca" (almôndega) de ema.

ZÉ PINHO, O MOTORISTA

A Ferronorte contratou um certo Zé Pinho para ser motorista. O condutor reivindicou uma função adicional quando a empresa, que estava procurando uma nova casa para alugar, recorreu a ele depois que disseram ser Zé Pinho um bom conhecedor do *real estate* da região. Zé Pinho, esperto, disse que fora contratado para ser motorista; serviços de corretagem de imóveis seriam cobrados à parte.

 Certa feita, precisavam sondar a área onde deveria passar a ferrovia e, sabendo do conhecimento que Zé Pinho tinha da região, resolveram levá-lo também no jipe Niva que tinham alugado quando chegaram a Campo Grande. Pé na estrada. Horas depois de andar no trecho, a equipe percebeu que estava longe de onde a ferrovia deveria passar. Pararam em uma casa para se orientar e disseram que a rota da ferrovia estava a quilômetros de onde estavam. Passaram um sufoco para voltar, dizendo, inclusive, que a certa altura o combustível estava à beira do fim e tiveram de alimentar o tanque com o uísque que tinham levado. Felizmente, encontraram um posto antes de o tanque esvaziar de vez. A suposta expertise do Zé Pinho não ajudou muito naquela ocasião.

INAUGURAÇÃO

Estes capacetes foram usados pelo maquinista e pelo então presidente Fernando Henrique Cardoso na inauguração. A ponte e parte da ferrovia foram inauguradas em conjunto.

CAPÍTULO 3

Fotografias da Ferronorte

CAPÍTULO 3

Fotografías de
Ferronorte

Figura 1. Fabricação manual de amortecedor de trem.

Figura 2. Fabricação manual de amortecedor de trem (outro ângulo).

Figura 3. Placa com uma cópia de jornal indicando a data em que a ferrovia foi inaugurada (31 de março de 2001).

Figura 4. Não é o cidadão que está bêbado, realmente instalaram os postes desnivelados.

Figura 5. Turma que solda os trilhos da ferrovia.

Figura 6. Pilar da ponte trabalhando desconfinado.

Figura 7. Caminhão Tectran que anda em linha e rodovia.

Figura 8. Quando a grama da ferrovia vira uma tentação para o gado do vizinho.

Figura 9. Ferrovia na divisa dos estados de SP e MS pronta para trabalhar.

Figura 10. Ponte com dois níveis: o de cima é rodoviário e o de baixo é ferroviário.

Figura 11. Limpeza de canaletas que tiram águas de chuva da ferrovia.

Figura 12. Ferrovia construída para trabalhar com águas de chuva (vasos comunicantes).

Figura 13. Mourão de cerca de estrada construído com areia de fundo de estrada.

Figura 14. Ferrovia acidentada antes de ficar pronta; em recuperação.

Figura 15. Capim bem plantado para proteger a ferrovia das chuvas.

Figura 16. Estrada boiadeira acompanhando a ferrovia no MS.

Figura 17. Canaleta para tirar água de chuva do aterro da ferrovia.

Figura 18. Limpando as canaletas que tiram água da crista do corte.

Figura 19. Quando o santo caminhão de rachão resolve tudo.

Figura 20. Quando a mãe natureza deixa a árvore crescer e põe o trem em risco.

Figura 21. A grama é necessária para conservar a natureza, porém não se pode deixá-la "trançar" nas pedras da linha.

Figura 22. Se a saída do bueiro ficar desnivelada, é certo que a energia cinética vai provocar estragos.

Figura 23.
Aí a ferrovia fica pronta, mas a vegetação não para de crescer. É como se estivesse tentando recuperar o seu território.

Figura 24.
Inibidor de animais na ferrovia.
(Maneira mais moderna de chamar o antigo mata-burro, que agora funciona em cima da pedra.)

Figura 25.
Quando o burro, guindaste ferroviário de 180 toneladas, resolve entrar em ação.

Figura 26. Quando a rede de energia não pode passar por cima.

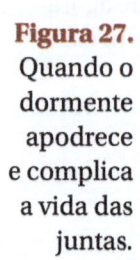

Figura 27. Quando o dormente apodrece e complica a vida das juntas.

Figura 28. Quando a passagem de gado e o bueiro não funcionam juntos.

Figura 29. Bueiro deitado é bom, mas na hora de limpar é confusão na certa.

Figura 30. Obra de "gabrião" locada pelo "potógrafo" (quando o operador do rádio não consegue exprimir de maneira correta).

Figura 31. Popularmente conhecido como "caminho de rato". Não derruba o aterro, mas o resultado é bem feio.

Figura 32. Quando as águas subterrâneas não são dominadas pela engenharia convencional, temos de fazer a obra para depois adaptá-la.

Figura 33. Quando a engenharia e a topografia definem o local onde será construída a descida d'água, mas a natureza quer construí-la ao lado. Para concluir, algumas fotos da Ferrovia do Aço, ontem e hoje, e da Norte-Sul, cujos causos cobriremos com mais detalhes em volume futuro.

Figura 34. Gente recém-chegada em um dos canteiros de obra da Ferrovia do Aço. Foto de 1975.

Figura 35. Viaduto no km 126 da Ferrovia do Aço (MG), com 240 m de, pilares com altura de até 36 m.

Figura 36. Ferrovia do Aço nos dias de hoje, cruzando em desnível na BR-267, município de Bom Jardim (MG). A ferrovia, conhecida no seu lançamento em 1975 como "ferrovia dos mil dias", só foi terminada em 1988; segue em operação até hoje.

Figuras 37 e 38. Obra do viaduto ferroviário sobre a BR-153 (Belém-Brasília) e o Rio Saraiva, no município de Rianápolis (GO).

Esta obra foi composta em Utopia 12,2 pt e impressa
em papel offset 90 g/m² pela gráfica Meta.